BATEAUX DE PLAISANCE DU ROI ET BARQUES DIVERSES SUR LA RIVE DE HUÉ.

LA FRANCE ET L'ANNAM

F. DAILLE.

C'est sous Louis XIV que, sur l'initiative de Colbert, la France eut, pour la première fois, des vues sur l'Extrême-Orient. Ses relations avec le Siam secondèrent ses projets d'établissement dans l'Indo-Chine orientale, mais les desseins ourdis à Bangkok avec la complicité du ministre siamois Constance Phaulkon (1) ayant échoué à la suite d'une révolution du palais, les Français durent évacuer leurs positions dans cette partie de l'Asie. Sous Louis XV, de nouvelles tentatives furent faites pour y prendre pied. La fondation d'un comptoir français à Faïfo, dans la baie de Tourane, ne donna pas de résultats à la Compagnie des Indes, qui, tombée en décadence, fut supprimée : il ne resta dans l'Indo-Chine que nos missionnaires pour y continuer notre œuvre de civilisation. Grâce à eux, notre courant d'influence devait y renaître.

Les événements leur vinrent d'ailleurs en aide. L'Annam, soumis à la Chine depuis ses origines lointaines, s'en était affranchi au quinzième

(1) Voir sur Constance Phaulkon le remarquable ouvrage de M. L. Lanier, *Étude historique sur les relations de la France et du royaume de Siam, de 1662 à 1703* (Paris. Leroux), où sont exposées toutes les péripéties du projet conçu par Colbert de fonder un État vassal de la France en Indo-Chine.

siècle par une révolte militaire qui avait inauguré la dynastie des Lê; mais ceux-ci, au siècle suivant, avaient rencontré des adversaires redoutables dans leurs gouverneurs de Cochinchine, les Nguyen. Pendant plus de deux cents ans, cette lutte, poursuivie avec acharnement, avait fait, de l'Inde orientale, le théâtre de guerres sanglantes, et, à la fin du dix-huitième siècle, les deux dynasties rivales, les Lê et les Nguyen, avaient été renversées en même temps par une insurrection cochinchinoise. Les Lê s'étaient réfugiés avec les débris de leur parti dans les montagnes du Tong-King; les Nguyen avaient trouvé un asile à la cour de Siam.

Nguyen-Ang, le chef de ces derniers, plus connu sous le nom de Gia-Long, cherchait à s'assurer l'appui des Hollandais de Batavia ou des Anglais du Bengale, quand il rencontra, à Bangkok, le vicaire apostolique de la Cochinchine, qui était un évêque français, Mgr Pigneau de Béhaine. Dans cette entrevue, le prince déchu et le prélat convinrent de se tourner vers la France, pour obtenir d'elle et de ses armes la restauration des Nguyen. Gia-Long pourrait ainsi recouvrer sa couronne; l'évêque y voyait le moyen d'opérer la conversion de l'Annam au catholicisme, en rouvrant les voies à la prépondérance française dans l'Indo-Chine orientale. Ces plans arrêtés, Mgr Pigneau de Béhaine partit pour Pondichéry avec le fils aîné de Gia-Long et ils s'embarquèrent pour la France. A Versailles, ils furent accueillis favorablement.

Un traité d'alliance offensive et défensive signé entre la France et l'Annam, le 28 novembre 1787, stipula que, d'une part, une escadre et des troupes françaises rétabliraient Gia-Long sur le trône, et que, d'autre part, le nouvel empereur d'Annam, dès son retour au pouvoir, céderait à la France, en toute souveraineté, la ville et la baie de Tourane, ainsi que l'archipel de Poulo-Condor, en accordant aux consuls français le droit de résider dans tous les ports de la côte de Cochinchine.

La mise à exécution de ces stipulations rencontra des difficultés à Pondichéry. L'évêque y eut à lutter avec le mauvais vouloir du gouverneur, le comte de Conway; il n'obtint pas tout ce que Louis XVI lui avait donné mandat de réclamer, mais le dévouement des officiers et des ingénieurs qui s'associèrent à son entreprise, leur énergie et leurs brillantes capacités triomphèrent des obstacles. Gia-Long put lever une armée qu'ils organisèrent, disciplinèrent et commandèrent. Une victoire décisive couronna ces efforts combinés. Gia-Long, proclamé empereur, maître de Hué, de Saïgon, de Mitho, fit fortifier ces villes d'après les principes de Vauban, confia au Français Dayot le soin de créer la marine annamite, et, profitant des conseils de son entourage français, consolida sa puissance, ce qui lui permit, en 1802, de conquérir le TongKing.

Son règne fut, dès ce moment, pacifique et prospère. Reconnu par la Chine, il maintint ses liens d'amitié avec le Siam, sut déjouer les intrigues de l'Angleterre, et à sa mort, en 1820, laissa à ses fils un empire florissant. Il ne s'était, au reste, pas montré ingrat envers les véritables auteurs de sa fortune, avait prodigué les marques de sa reconnaissance à Mgr Pigneau de Béhaine, qui mourut en 1798, et, chaque fois que l'occasion s'en était présentée, il avait protesté de sa gratitude envers la France.

Toutefois, le traité de Versailles était plutôt une fiction qu'une réalité. Les clauses favorisant les intérêts français demeurèrent inexécutées. Gia-Long était un prince oriental avant tout. Les Anglais ne se faisaient pas faute d'instruire la cour de Hué des événements d'Europe : Révolution française, guerres de Napoléon Ier, chute de l'Empire, difficultés de la Restauration. Ils en profitaient pour s'insinuer et pour préparer leurs jalons de l'Inde vers la Birmanie. Gia-Long, sans être leur auxiliaire, leur prêtait l'oreille et basait sa propre politique sur l'expectative. Quand Louis XVIII lui envoya, en 1818, le comte de Kergariou pour lui rappeler les promesses faites à Versailles, la mission n'obtint que des assurances évasives. Au vrai, l'empereur annamite voulait rester l'ami de la France, mais sans donner aucun gage de son amitié. Toute sa pensée se trouve dans ses dernières paroles à son fils : « Aime les Français, sois-leur reconnaissant de ce qu'ils ont fait pour nous, mais ne leur permets jamais de mettre le pied dans ton empire. »

Minh-Mang, le fils de Gia-Long, suivit les recommandations pater-

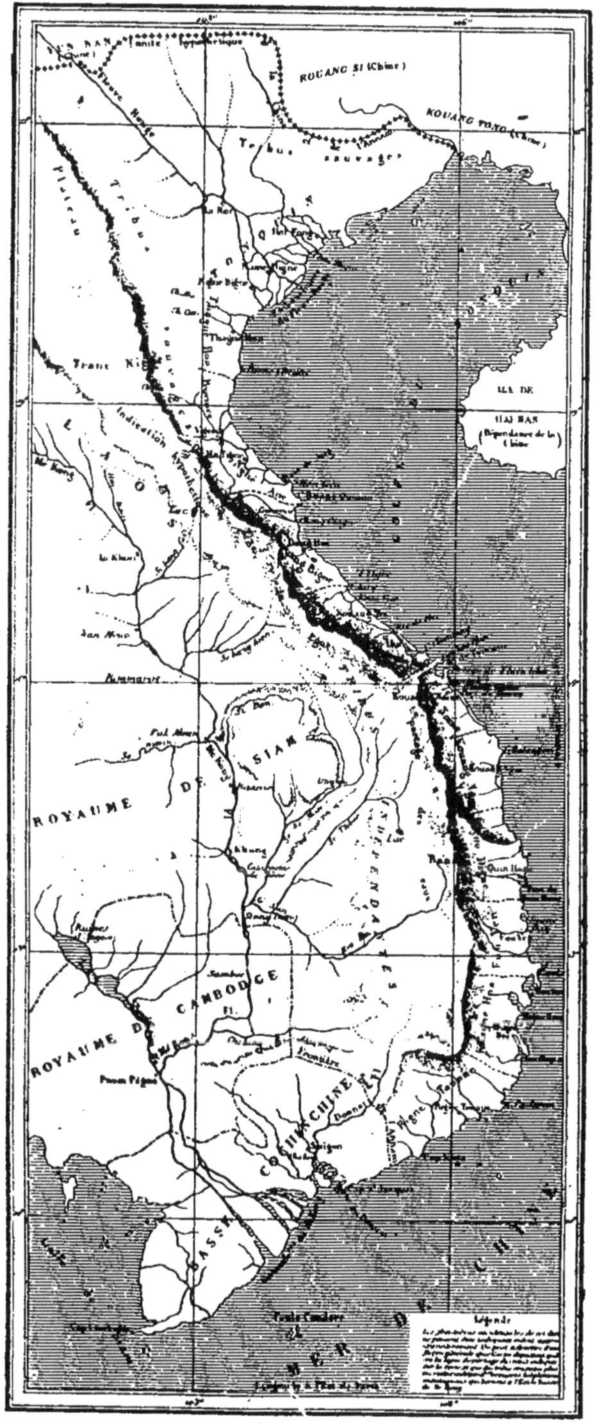

FRONTIÈRES DE L'ANNAM.

nelles à la lettre, quand il monta sur le trône, ou plutôt il ne se souvint que de la seconde; le traité de Versailles ne fut pas déchiré, mais quand les Français restés à Hué, les vieux compagnons de Pigneau de Béhaine. comme Vannier et Chaigneau, invoquèrent la foi jurée, on leur répondit qu'une convention vieille de plus de trente ans, et demeurée toujours lettre morte, était périmée et qu'ils n'avaient qu'à s'en aller. L'invitation, sous laquelle perçait la menace, ne leur laissa plus de doute sur les résolutions de Minh-Mang. Ils quittèrent l'Annam. Quant aux missionnaires. on ne les chassa point, mais on les persécuta, en les accusant d'être les fauteurs des séditions soulevées dans le Tong-King par les descendants des Lê, et plusieurs prêtres ou religieux français subirent le martyre.

Le gouvernement de Louis-Philippe n'éleva que de faibles protestations contre ces violations du droit des nations et ces attentats à la vie des sujets français, nos nationaux. Il envoya le capitaine Laplace, en 1831, puis, de temps à autre, quelque vaisseau de guerre dans les eaux de l'Annam, mais ces démonstrations n'intimidèrent personne à Hué. Thientri, fils et succeseur de Minh-Mang, eut la même attitude que son père. Il dut cependant obéir aux intimations du commandant Lévêque, qui parut devant Tourane avec l'*Héroïne* et fit mettre en liberté cinq missionnaires français. L'amiral Cécile sauva de même la vie à l'évêque d'Isauropolis. Cette fermeté n'empêcha pas, il est vrai, Thientri de recommencer aussitôt après les massacres et de résister ouvertement aux amiraux Lapierre et Rigault de Genouilly, en 1847. Il n'y avait qu'à lui répondre par les armes. La flotte française attaqua la flotte annamite et la détruisit. Alors Thientri, fou de rage, lança un édit de proscription et de mort contre tous les Européens établis dans l'Annam et poussa la fureur jusqu'à briser tout ce qui, dans son palais, lui rappelait la France. Il fit revêtir des mannequins de l'uniforme français, donna l'ordre de les fusiller et commanda lui-même le feu.

Thu-Duc, qui succéda peu de temps après à Thientri, fut encore plus fanatique que lui. Il fit décapiter, dès son avènement, deux missionnaires, mit la tête des autres à prix, et annonça que le sang des étrangers inonderait son empire. Napoléon III chargea M. de Montigny, en 1856, de paraître devant Tourane avec le *Catinat*, et de se rendre à la cour de Hué. L'ambassadeur français ne fut pas reçu par Thu-Duc, et les mandarins l'accablèrent de railleries. Notre infanterie de marine vengea cet affront en détruisant l'arsenal de Tourane, mais dut quitter ses positions. Thu-Duc fit de nouveaux martyrs. Deux évêques d'origine espagnole et plusieurs indigènes convertis périrent dans les supplices. Il n'était plus possible, dans ces conditions, de retarder l'heure des représailles. Une flotte franco-espagnole, sous le commandement de l'amiral Rigault de Genouilly, occupa Tourane, le 1er septembre 1858. Ce succès rapide devait être complété par la prise de Hué; on crut devoir suivre un autre plan, pour diriger l'escadre sur les côtes de la basse Cochinchine et s'emparer de Saïgon, où les forces françaises se concentrèrent. Cette diversion fit croire aux Annamites que nous reculions devant eux. Le rappel en France de Rigault de Genouilly sembla confirmer ces bruits, et l'envoi de son successeur, l'amiral Page, en Chine, avec ses vaisseaux, leur donna encore plus de crédit. Thu-Duc, profitant de la guerre franco-chinoise, crut pouvoir reprendre Saïgon, et son général Nguyen-Tri-Phuong y serait peut-être parvenu, s'il n'avait eu affaire au commandant français de

EXERCICE DES ÉLÉPHANTS SOUS LES MURS DE HUÉ.

la garnison, le capitaine de vaisseau d'Aviès, qui, avec huit cents hommes, défendit la place pendant huit mois. L'arrivée de l'amiral Charner à Saïgon, après la fin de la guerre de Chine, en février 1861, changea la face des choses, mais toute l'année se passa en combats, les Annamites opposant partout une résistance vigoureuse. A Mitho, où ils s'étaient retranchés, il y eut des engagements répétés. Enfin, l'amiral Bonard, qui remplaça Charner, termina les opérations par la prise du dernier fort, celui de Bien-Hoa, mais Nguyen-Tri-Phuong ne l'évacua qu'après avoir brûlé vifs les chrétiens indigènes qui y étaient enfermés avec lui, et qu'il voulait rendre responsables de sa défaite.

Thu-Duc allait signer la paix, quand éclata au Tong-King le soulèvement fermenté contre lui par Lê-Phuong, héritier direct de la dynastie légitime des Lê. Le prétendant avait espéré trouver des auxiliaires dans les Français, et, les saluant comme des libérateurs, leur avait offert son alliance. Les amiraux Rigault Genouilly et Bonard jugèrent plus prudent de repousser son offre. Les négociations continuèrent donc avec Thu-Duc, qui céda définitivement à la France les trois provinces de Saïgon, Bien-Hoa, Mitho, avec les îles de Poulo-Condor, ouvrait au commerce les trois ports de Tourane, Balat et Quang-An, enfin payait à la France et à l'Espagne une indemnité de guerre de vingt millions de francs et proclamait la liberté des cultes dans tout l'empire.

Ce traité permit à l'empereur d'Annam d'employer toutes ses forces contre Lê-Phuong, qui, après des prodiges de valeur, fut vaincu, fait prisonnier, et livré au supplice. Pendant ce temps, le mandarin Phanh-Thau-Gian, envoyé plénipotentiaire de Thu-Duc à Paris, s'efforçait de circonvenir Napoléon III pour obtenir l'évacuation de la Cochinchine par nos troupes. Cette diplomatie faillit réussir, mais quelques hommes d'État comme MM. Thiers, Duruy, Chasseloup-Laubat, déjouèrent la manœuvre. Les mandarins annamites organisèrent alors une campagne d'une autre nature dans nos possessions déjà acquises en Indo-Chine, en tentant de soulever la population indigène contre les autorités françaises, et en cherchant des alliés dans les pirates. Une insurrection générale éclata en Cochinchine en mai 1867; elle fut écrasée, mais Thu-Duc ne désarma point. On en eut la preuve dans ce qui se passa au Tong-King, dont les événements, au cours de cette période, feront l'objet d'un autre récit. Le traité de 1874, entre la France et l'Annam, fut, en réalité, tout à l'avantage de ce dernier, à tel point que le chef des Pavillons noirs, Luh-Vinh-Phuoc, se vit comblé d'honneurs. Tout ce que la France y gagna, ce fut le droit d'avoir un résident français à Hué et de pénétrer librement dans les trois ports Hanoï, Haïphong, Qui-Nhon. Mais Thu-Duc, de son côté, était décidé à ne tenir aucun de ses engagements Il jeta le masque en 1876, en faisant hommage de vassalité à l'empereur de Chine, à qui il envoya solennellements un tribut. C'était un appel à l'intervention de la Chine. Aussitôt les Pavillons noirs et les pirates rentrèrent en scène.

Thu-Duc mourut en 1883. On lui donna pour successeur Hiép-Hoa, avec Nguyen-Van-Thuong comme régent. Celui-ci signa un traité reconnaissant le protectorat de la France et l'ingérence française dans l'administration annamite, traité que l'Annam était bien décidé à violer à la première occasion. Elle ne se fit pas attendre. La cour de Hué favorisait secrètement les Chinois dans leur lutte avec nous au Tong-King, et quand Hiep-Hoa voulut faire quelques objections à cette politique des mandarins annamites, ils l'emprisonnèrent en le remplaçant par Kieng-Phuoc, son parent, plus docile à leurs plans. Kieng-Phuoc, ayant paru incliner du côté

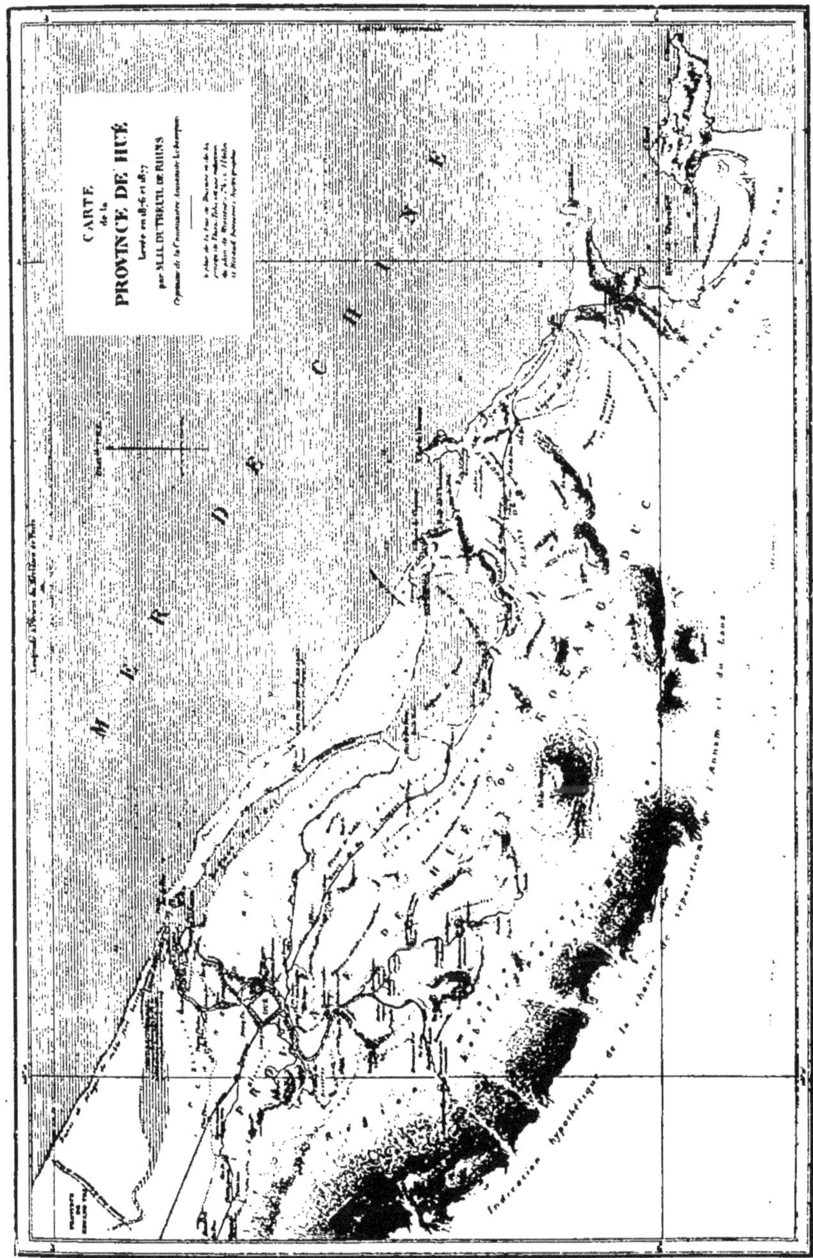

de la France, périt également de mort mystérieuse. Ung-Lich monta ensuite sur le trône, sans informer le résident français de son avènement;

d'où nouveau conflit, ultimatum adressé à Hué et soumission du nouvel empereur, sur l'avis de ses conseillers, dont la duplicité se révéla presque aussitôt. En effet, la Chine ayant conclu avec la France la paix de Tien-Tsin, qui relevait l'Annam de la suzeraineté chinoise, le régent Thuyet entraîna Ung-Lich dans un complot contre les Français de Hué, dont on voulait faire un massacre général. La conjuration avorta. Thuyet prit la fuite avec le souverain et souleva les provinces du Nord.

On proclama alors la déposition d'Ung-Lich et son remplacement par un fils adoptif de Tu-Duc, qui prit le nom de Dong-Khanh. Il régna jusqu'en 1889. Fidèle ami de la France, il aurait pu pacifier l'Annam, s'il avait joint la fermeté à l'intelligence remarquable dont il était doué; mais son action fut nulle sur les dissidents, et la lutte continua encore longtemps avec Thuyet et les partisans du petit roi fugitif. Les rebelles se retranchaient dans les provinces du Nord et du Sud. Après la mort de Dong-Khanh, l'influence du résident général français, M. Rheinart, fit donner la couronne à un descendant direct des Nguyen, le jeune prince Thauh-Thaï, alors âgé de dix ans. Le protectorat de la France sur l'Annam établi en 1884 ne pouvait plus être contesté, ni l'Union indo-chinoise, réunissant, en vertu des décrets de 1887, nos quatre établissements dans l'Indo-Chine (Cochinchine, Cambodge, Annam, Tong-King) sous l'autorité d'un gouverneur général résidant à Saïgon.

M. Baille était résident supérieur de France en Annam, lorsqu'il adressa au commencement de 1888, au journal *le Temps*, une série de lettres qui furent, depuis, publiées en volumes (1). Ce sont des documents de grande importance. L'auteur parle en témoin des faits. Placé dans une situation qui lui a permis de les voir dans leur détail autant que dans leur ensemble, il les a observés avec l'impartialité d'un esprit élevé, droit et fin; ses renseignements sont tous pris aux sources et ses jugements dictés par l'expérience des hommes et des choses. D'autres avaient avant lui étudié l'Annam (2), d'autres sont venus après (3), qui l'ont considéré sous un point de vue différent du sien, mais personne n'a été plus consciencieux dans son enquête, plus équitable dans ses appréciations. Ces titres seuls suffiraient pour prêter un intérêt considérable à la lecture de ses pages, mais elles ont d'autres mérites, parmi lesquels le coloris des tableaux et l'attachant entrain du style ne sont pas les moindres.

Charles Simond.

(1) Le volume auquel nous empruntons les pages qu'on lira plus loin a pour titre : Baille, *Souvenirs d'Annam* (1886-1890). — Paris, Librairie Plon.

(2) Un des ouvrages les plus importants publiés sur l'Annam. avant celui de M. Baille, est le journal de voyage de J.-L. Dutreuil de Rhins (*Le royaume d'Annam et les Annamites*. — Paris. Librairie Plon). Signalons aussi les travaux du capitaine d'Ariès, de Barbier du Bocage, de Bouilleveaux, de Brossard de Corbigny (*Tour du monde*, 1878), de Chaigneau, de Harmand, de Lanessan.

(3) Voir les travaux d'A. Faure, C. Paris, Chailley-Bert, Macey.

INTÉRIEUR D'UNE HABITATION ANNAMITE.

LES ANNAMITES

I

LA COUR ROYALE.

Les cours d'Annam ont été, jusque dans les derniers jours du règne de Thu-Duc, implacablement fermées aux regards profanes. Un immense mystère, qui a dû servir de complice à pas mal de crimes, les a toujours enveloppées. Aujourd'hui encore, si grandes et peut-être même si hâtives qu'aient été les concessions faites à la curiosité européenne, il est impossible, en dehors de l'accomplissement des missions officielles, de pénétrer dans l'intérieur des palais royaux et plus encore dans la partie des bâtiments où habite la mère du roi. La mère de Dong-Khanh vécut toujours cloîtrée, invisible aux regards, sauf à ceux de ses suivantes, comme il convenait à une femme de son rang... Aucun Européen ne fut admis à contempler ses traits. Il semblait que sa personne et que sa vie fussent entourées d'un mystère plus impénétrable encore que celle de l'autre princesse appelée aussi *reine mère*, la mère de Thu-Duc. Celle-là, il nous fut donné de l'entrevoir, lors du passage de M. Vial, résident général, qui avait sollicité l'honneur de lui présenter ses hommages.

Ce spectacle est, au demeurant, un des plus curieux qui nous soient demeurés dans l'esprit. Après avoir parcouru pendant plus de vingt minutes d'inextricables méandres de jardins et de couloirs, nous fûmes amenés dans une cour assez vaste, entourée de hauts murs. Deux orchestres de femmes, rangés parallèlement, emplissaient l'air de leurs sons bizarres. Nous devons à la vérité d'ajouter que l'âge et le physique de presque toutes ces artistes commandaient le respect, et que l'imagination parisienne, même la plus avide d'inconnu, en fût demeurée glacée. Après quelques minutes d'attente, nous pénétrâmes enfin dans une salle assez basse.

Au fond, on apercevait un store fait de fines lames de bambou et orné de dragons multicolores. Le roi, en grand costume, s'était agenouillé tout auprès, les mains croisées, dans l'attitude de la prière, qui n'est, chez les Annamites, que celle du respect. C'est que derrière ce store, cachée aux regards profanes, dans le demi-jour d'un sanctuaire, se tenait la vieille reine mère. Le roi d'abord, les Européens ensuite, lui adressèrent leurs hommages, et, derrière le store, nous entendîmes une voix, un murmure plutôt, à peine perceptible, qui y répondait. Tout à coup la mince cloison de bambou se souleva lentement comme un rideau de théâtre. Nous aperçûmes l'idole immobile, revêtue de la robe jaune royale, le regard fixe, le teint d'un blanc jaune comme l'ivoire d'un vieux crucifix. Ce ne fut qu'une vision, rien de plus... Le store retomba aussitôt, d'un coup rapide et sec. De nouveaux compliments furent échangés, et le roi, longtemps encore, continua devant le rideau ses *lais* d'adieu.

Tel fut le court cérémonial de cette entrevue, suprême concession faite par la majesté royale à l'ordre de choses nouveau et à notre curiosité sacrilège.

Chaque jour, le roi est assisté par un personnel de femmes prises dans toutes les classes hiérarchiques du sérail. Trente d'entre elles montent la garde autour de ses appartements privés. Cinq sont toujours auprès de sa personne, se relayant alternativement, pourvoyant aux soins de sa toilette. Ce sont elles qui l'habillent, entretiennent et parent ses longs ongles de lettré et de roi, aussi longs à eux seuls que les doigts eux-mêmes, le parfument, enroulent coquettement autour de sa tête le délicat et soyeux foulard de crêpe jaune, enfin veillent aux moindres détails de son ajustement.

Ce sont elles aussi qui le serviront à table.

Sa Majesté prend d'ordinaire trois repas par jour; à six heures du matin, à onze heures et à cinq heures du soir.

Chacun de ces repas est composé de cinquante mets différents préparés par les thuang-tieng qui, au nombre de cinquante, font le service de la cuisine royale. Chacun d'eux confectionne donc son plat et, quand la clochette a retenti, le remet aux thi-viés (chambellans), lesquels le remettent eux-mêmes aux eunuques. Ces derniers, à leur tour, le transmettent aux femmes, et ce sont seulement les femmes qui auront l'honneur de l'offrir à la table royale, en se mettant à genoux. Sa Majesté effleure à peine quelques-uns de ces mets et boit une sorte d'eau-de-vie spéciale, fabriquée avec des graines de nénuphar et parfumée avec des plantes aromatiques. C'était là du moins l'ancienne étiquette. Dong-Khanh buvait du vin de Bordeaux, que les médecins lui avaient prescrit pour réparer les désordres d'une santé assez faible.

Le riz que mange le roi, et qui fait le fond de son alimentation, quand il est seul et n'est pas contraint de manger à l'européenne, doit être très blanc et choisi grain à grain. Il est cuit dans une marmite en terre que l'on brise après chaque repas. La qualité même des baguettes dont se sert Sa Majesté pour manger n'est pas indifférente. Elles doivent être faites avec du bambou qui vient d'avoir toutes ses feuilles, « et renouvelées chaque jour ». Les baguettes d'ivoire semblent trop lourdes à la main royale. La quantité de riz mangée par le roi est déterminée et pesée : jamais celui-ci ne la dépassera, et s'il ne mange pas comme d'habitude, s'il se sent l'appétit moins ouvert, de suite il fait appeler ses médecins et leur demande des remèdes, que d'ailleurs il n'absorbe qu'après les avoir fait goûter préalablement par eux.

Chaque province du royaume doit envoyer à la cour, pour la nourriture royale, les meilleures productions de son sol, dont une partie provient des impôts payés en nature. La Cochinchine, autrefois, envoyait du riz de Ba-Thac, du poisson pêché dans le grand lac (Kho-ha), des crevettes sèches, des mangoustans, des vers palmistes (gros vers que l'on trouve dans les têtes de dattiers et de cocotiers), de jeunes caïmans, des litchis, etc.

Au deuxième mois de chaque année, après avoir fait abstinence pendant trois jours, le roi va, escorté de toute la cour et en grande cérémonie, célébrer la fête du *Niam-Giao*, c'est-à-dire offrir un sacrifice au ciel. Cette cérémonie, la plus solennelle de toute l'année, a lieu près d'une haute colline en forme d'éventail, couverte de sapins et qui, d'après la légende annamite, sert comme d'écran et de défense à la citadelle. Ce jour-là, le souverain, d'ordinaire à peu près invisible à son peuple, se montre à tous, porté dans le *ngoe-lo*, sorte de chaise couverte et vitrée du haut de laquelle il peut voir et être vu. Des tentes ont été dressées d'avance dans l'enceinte de l'esplanade des sacrifices pour qu'il y puisse passer la nuit avec sa cour. Tout au milieu existe une plate-forme en maçonnerie à laquelle on accède par de hauts escaliers. C'est là que l'autel, décoré d'étoffes jaunes et rouges empruntées au palais, a été préparé. C'est là aussi que doit avoir lieu le sacrifice. A minuit, les mandarins militaires immolent un buffle, et le roi l'offre en grande pompe au ciel, qu'il salue de cinq lais consécutifs pendant qu'un mandarin lit tout haut les prières prescrites par les rites et qu'on brûle de nombreuses pièces de soie.

La fête est d'ordinaire terminée à l'aube, et Sa Majesté se dirige de nouveau et avec pompe vers son palais, au milieu des autels que la piété respectueuse des sujets lui a élevés tout le long de sa route. Les vieillards les plus âgés de la province viennent se presser sur son passage et incliner jusqu'à terre leur chef branlant, pour lui offrir leurs hommages et aussi recevoir les récompenses auxquelles, grâce aux lois édictées par la belle morale de Confucius, ils ont droit « pour avoir vécu longtemps ».

BOURGEOISE DE LA PROVINCE DE HUÉ.

Je ne connais pas, dans les environs de Hüé, de plus beau site que cette esplanade des sacrifices, ni de lieu d'où se dégage un plus réel sentiment de grandeur, lorsqu'on y vient sur la fin du jour, en solitaire, et dans certaines de ces dispositions d'esprit où la suprême éloquence consiste à laisser parler les choses autour de soi. Cette gigantesque enceinte, faite de murs aux pierres calcinées par l'éternel soleil, ces pins immenses dont les files vont s'alignant au loin et à travers lesquels passe, en gémissant, jour et nuit, le vent sauvage de la montagne, et, tout alentour, cette plaine déserte qui n'est qu'un cimetière et n'offre à l'œil que des ondulations de tombes ou les vestiges de quelques mausolées rongés par le temps, cela est d'une inexprimable mélancolie. La divinité, génie du lieu, s'est taillé là, dans cet horizon, un temple à sa mesure.

II

LES FÊTES DU TÊT.

Le renouvellement de l'année annamite, qui tombe à la fin du mois de janvier de notre calendrier, est toujours marqué par d'immenses fêtes auxquelles la cour elle-même prend part aussi bien que le dernier des hommes du peuple. C'est un des gros événements de la vie sociale. Toute existence commerciale est suspendue. Les marchés sont vides. On ne rencontre par les rues que gens endimanchés, parés et quelque peu solennels. Pour acheter un *kéo* neuf ou un turban à couleurs un peu plus voyantes, les pauvres ont vidé jusqu'au fond le sac aux économies et sacrifié jusqu'à la dernière ligature.

Les Chinois, marchands ou même commis, se font d'ordinaire remarquer par l'éclat et la richesse de leurs costumes. Ce ne sont que robes bleu azur, pantalons lilas tendre, serrés au bas de la jambe, laissant voir de fins bas de soie et des babouches aux éclatantes broderies. La plupart de ces hommes, hauts et forts, bien campés, ont dans cet ajustement un cachet d'élégance qui humilierait un peu, il en faut convenir, les gens de France de même condition.

Les pétards et les pièces d'artifice font rage. La poudre parle de toutes parts.

On se croirait au milieu d'une bataille. On ne trouve plus un ouvrier pour la moindre besogne. Malheur à vous si votre cuisinier n'a pas pris soin de faire quelques achats d'avance : vous courrez risque dans ce cas de faire fort maigre chère ou de vous contenter de conserves. Les boys eux-mêmes, qu'on le veuille ou non, désertent votre service pour s'en aller dépenser en pétards jusqu'au dernier sou de leurs économies. Il règne pendant presque toute cette semaine et dans les provinces les plus reculées de l'Annam une telle agitation que des gens nouvellement arrivés d'Europe et peu au courant des choses locales se croiraient à la veille d'une insurrection ou de quelque gros mouvement politique. Rassurez-vous : ces conciliabules, ces allées et venues, ces colloques, tout cela est fort innocent. Il s'agit de la tige de bambou à planter devant la cagna pour conjurer le diable, de la pagode voisine à décorer de fleurs ou de banderoles; il s'agit surtout de parler, et parler est encore pour ce peuple sociable et babillard la plus douce des réjouissances. Il n'est si pauvre demeure qui n'ait son repas et son agape de famille. Dans la maison des marchands chinois, seuls représentants, ici comme dans presque tout l'Extrême-Orient, du grand négoce, la fête est somptueuse et d'un plus large cadre.

En passant devant les boutiques mi-closes, on aperçoit au fond, autour d'une table propre, bien éclairée par de jolies lampes à l'européenne et que préside le père de famille ou le patron, tout un cercle de commis, de femmes, d'enfants en habit de gala, occupés à fêter la nouvelle année. C'est que tous ont, en effet, intérêt à ce que l'année soit bonne, c'est-à-dire fertile en piastres. Le plus petit commis de la maison est, pour une part, intéressé à sa prospérité et à ses bénéfices. Nos économistes d'Occident n'ont rien inventé de bien nouveau en matière d'association coopérative. Il y a longtemps que ce principe, qui semble encore une audace quasi révolutionnaire à nombre de braves esprits de France, est la base de la plupart des entreprises commerciales chinoises. Qui sait s'il n'a pas contribué au développement et à la richesse de ce négoce chinois qui règne et régnera partout ici par droit de conquête, que l'on rencontre à chaque pas, qui s'infiltre jour par jour dans toutes les provinces et apporte en définitive à nos ports de la côte d'Annam le plus clair de leur mouvement de douanes et de leur activité?

Une salve de dix coups de canon annonce que le roi vient d'inaugurer en personne la cérémonie dite « des bambous », et le peuple tout entier suit l'exemple royal. Devant la plus humble case, on aperçoit une haute et maigre tige de bambou plantée au beau milieu du petit enclos que les ambitieux décorent du nom de jardin Presque au sommet de cette tige est une cage grossièrement tressée, avec un petit jouet accompagné quelquefois d'un fruit ou d'un gâteau. Tout cela est destiné à apaiser le diable et à lui fournir matière à amusement. Pendant qu'il prendra ses ébats sur le bambou, on pourra soi-même s'égayer en paix, se réunir et festoyer paisiblement dans les cagnas, autour du plat de riz ou de nuoc-man, sans crainte que ce fâcheux s'en vienne réclamer sa part ni troubler le bonheur des braves gens.

Ne rions pas trop vite; songeons que nous sommes dans un pays où la superstition religieuse est un rouage politique essentiel et que, si enfantine qu'elle se fasse, elle a derrière elle tout un peuple prêt à se lever pour la défendre.

Tout les pétards qu'on tire sur le fleuve et à bord du moindre sampan ont pour mission de chasser les mauvais génies et d'obtenir d'eux la paix pour l'année qui s'ouvre.

Pendant plus d'une demi-heure pétards et pièces d'artifice font rage dans la cour d'honneur. Les Annamites, ivres de joie, courent à travers les tourbillons de la fumée âcre, se disant qu'un peuple est bien heureux qui est assez riche pour pouvoir chasser si loin tous les diables et s'assurer une si durable félicité.

Aujourd'hui, il ne s'agit que de fêtes, de cadeaux et de compliments à échanger. Demain reviendra le dur labeur. A presque tous les coins de rue des faubourgs de Dong-Ba, on voit de petits autels à Bouddha, chargés d'offrandes, de jouets, de fruits et de fleurs. En ces matières, l'ingéniosité annamite et chinoise est inépuisable. Ce sont des chapeaux en papier doré, rehaussés de cocardes aux couleurs criardes et affectant les formes les plus inattendues, des oiseaux, des animaux fabuleux et gigantesques, dont la frêle carcasse de bambou est recouverte de papier gommé rouge ou jaune. Ces images naïves, qui servent de joujoux à ces vieux peuples enfants, sont destinées à vivre une heure, comme la courte folie d'où elles sont nées. Dans deux jours la flamme d'un feu de joie, un sacrifice au pied de quelque autel bouddhique les aura anéanties, mais le peu de cendre qu'elles laisseront aura été agréable au dieu.

Sur le fleuve comme sur terre, la fête crie et s'agite. Il y a, en effet, toute une population qui vit sur les sampans et ne connaît guère d'autre patrie que l'arroyo. Dans son étroite et flottante demeure, la famille entière a son installation, ses habitudes, son confort relatif. A l'arrière, sur un petit feu sans cesse ravivé, cuit le riz et bout l'eau destinée au thé. A côté, la mère, accroupie, épluche et prépare les quelques légumes qui feront la pitance du soir. Des enfants — et ils sont d'ordinaire nombreux — piaillent et piétinent, tout aussi bruyants et insuportables là que dans tous les pays du monde. Un ou deux chiens au long poil, aux oreilles droites, méchants en diable, invectivent et poursuivent de leurs aboiements le bateau qui passe; d'ordinaire, deux ou trois poulets maigres et chétifs sont entassés dans une cage de bambou à clairevoie, accrochée aux flancs extérieurs du sampan.

MOI, OU SAUVAGE DES ENVIRONS DE DATRUC (PROVINCE DE HUÉ).

Tout ce petit monde flotte et avance, bercée par un léger roulis, tandis que debout, à l'avant et à l'arrière, le mari et la jeune femme, quelquefois même un tout jeune enfant, rament en pliant le corps sur les longs avirons et en jetant dans l'air l'écho de leur mélancolique chanson, quelquefois interrompue, jamais finie.

Pendant les jours du *têt*, il n'est pas de petit sampan qui n'ait à l'arrière, traînant au fil de l'eau, de longues tresses de fleurs, des bouquets ornés de banderoles ou une branche de bambou, quelque verdure enfin parlant de fête et de réjouissance. Il n'en est pas non plus d'où ne partent des pétards laissant sur leur passage les petits tourbillons de leur fumée bleuâtre.

Par un singulier contraste, cette fête si bruyante des vivants est aussi la fête des morts. La famille se réjouit, mais pense également à ceux qui ne sont plus et dont la place demeure vide au foyer; son affection va les chercher et comme les éveiller par delà la mort. Sur les chemins, on rencontre de longues bandes de gens de toute classe, une pioche, une bêche sur le dos, s'acheminant on ne sait où... La première fois que nous les vîmes, nous les prîmes pour des travailleurs se rendant au chantier. Nullement : ces pauvres gens s'en vont vers la montagne bêcher, parer la tombe d'un père ou d'un parent ; chacun saura, sous l'herbe grandie, à la lisière de la brousse sans cesse envahissante, retrouver

FEMMES DU PEUPLE.

le petit monticule qui abrite les restes aimés. Quelques-uns y planteront une branche cassée à l'arbre voisin, ou un petit bouquet apporté du village. Rameau et fleurs ne vivront guère : le brûlant soleil les tuera d'un rayon. Mais n'est-il pas touchant, cet humble hommage fait au mort, même en un jour de fête, par un souvenir qui ne meurt pas ?

Dans sept jours, on abattra les tiges de bambou qui ont veillé sur la maison : la famille reconduira pieusement à la porte les âmes des ancêtres qui sont venues visiter le foyer familial et s'en retournent maintenant pour une année vers leur céleste demeure. On défera le petit autel qui avait été dressé dans le coin le plus

UN THÉATRE A HUÉ.

reculé de la maison et où elles se sont arrêtées, pour se reposer, pendant la semaine sacrée, au milieu de l'adoration des vivants. La vie ordinaire reprendra enfin son cours.

III

LES COMBATS D'ÉLÉPHANTS.

Une fort belle panthère avait été prise dans les montagnes, entre Hué et Tourane, et offerte au roi. Celui-ci résolut de la faire battre avec ses éléphants de guerre et de nous offrir un spectacle fort en honneur sous ses ancêtres. La lutte avait lieu autrefois dans un grand cirque dont on aperçoit encore à quelque distance de Hué les larges gradins de pierre quelque peu démolis et envahis par la broussaille.

Cette fois, elle devait avoir pour théâtre les glacis de la citadelle, au bord de la rivière, juste en face de la légation. Depuis plusieurs jours, on avait confectionné de monstrueux et hideux magots en paille, simulant des guerriers ou des animaux fantastiques, et sur lesquels devait s'exercer la fureur des éléphants. Mais tout l'intérêt de la journée allait être, bien entendu, dans la lutte avec la panthère. Des indiscrets et des sceptiques nous avaient bien dit que les cornacs des éléphants, qui sentent bien que leur personne est quelque peu intéressée aussi dans la lutte, s'arrangeaient souvent pour faire enfoncer sous les griffes de la panthère de petites pointes de fer destinées à la paralyser dans ses mouvements. Hélas! ce fut cette fois bien pis encore : la malheureuse bête, qui, d'ailleurs, devait combattre attachée à une chaîne, et affaiblie par un long séjour dans une caisse étroite où elle pouvait à peine se retourner, eut à subir d'autres assauts. On lui rogna les griffes, on voulut même lui coudre la bouche, et, pour cette opération, on la serra tant et si bien entre deux planches formant étau, qu'elle expira à peu près une heure avant la bataille.

Cependant le fleuve se couvrait de jonques et de sampans. La foule des indigènes s'amassait en bruissant tout autour de la lice où devait avoir lieu le spectacle et encombrait, à le rompre cent fois, le grand pont de bois à étages de Dong-Ba. De lointaines clameurs se faisaient entendre. Le roi arrivait dans son grand sampan de gala laqué rouge et rehaussé d'or, assis à l'arrière, sous un dais, tandis qu'avec un ensemble merveilleux ses cinquante rameurs, debout et s'inclinant en cadence, fendaient l'eau de leurs longues rames effilées. Le sampan vint prendre position devant l'emplacement désigné, et tout aussitôt commença un vacarme épouvantable de mousqueterie mêlé de cris, d'appels et de hurlements sauvages. C'étaient les éléphants que l'on provoquait à la colère et à la lutte. Ces énormes bêtes (au nombre de douze), rangées en bataille avec un ordre tel que, de loin, leurs défenses semblaient former une ligne blanche et droite, commencèrent à s'ébranler lentement. A chaque pas, des coups de canon, tirés à bout portant, les attendaient et les enveloppaient d'âcres tourbillons de fumée. Devant leurs yeux, des soldats agitaient des étendards rouges; derrière, d'autres leur enfonçaient des lances dans le dos; au-dessus, leurs cornacs leur plantaient littéralement entre les oreilles la pointe de leur *coupe-coupe*. Le moyen de ne se pas mettre un peu en colère avec un régime pareil?

Bientôt, nous vîmes les malheureux magots, projetés à coup de trompe, monter et redescendre dans les attitudes les plus lamentables, à travers les nuages de fumée et, peu après, quelque chose de bizarre, une masse molle et noire, rebondir aussi sous les coups. C'était le corps de l'infortunée panthère, qu'on avait jeté dans la lice et qui se livrait à ces ébats posthumes. Les éléphants eurent trois lignes d'obstacles à enlever, puis, entre temps, ils vinrent se placer en carré, ruisselants de sang et immobiles, tandis qu'autour d'eux tourbillonnait une horde hurlante de soldats qui se grisaient de leur propre tapage et des salves de la mousqueterie.

Le spectale se prolongea longtemps, comme se prolongent tous les spectacles possibles chez ce peuple à la fois vieux et enfant, qui ne sait pas se lasser et s'amuse de la pensée seule qu'il est là pour s'amuser.

La nuit tombait, hâtive et brusque comme une nuit d'Orient. On entendait les petits cris aigus des éléphants, ramenés pour la dixième fois à la lutte; déjà le sampan royal regagnait les rives du palais, et l'on n'apercevait plus que les silhouettes régulières et penchées des rameurs se détachant sur le fond d'or du soleil couchant et s'enfonçant peu à peu dans les profondeurs du crépuscule. La fête durait encore...

IV

LES NIDS D'HIRONDELLES.

Une des productions bizarres et pittoresques de la province de Quang-Nam est le fameux nid d'hirondelles, dont la renommée un peu surfaite est parvenue jusqu'en Europe et réjouit plus encore, à Paris, l'imagination que le goût. L'Annam est le seul pays du monde qui fournisse aux riches tables chinoises cette précieuse denrée. Les principaux centres de production sont les îles situées en face des provinces de Quang-Nam, de Quang-Ngaï et de Binh-Dinh. Le plus important de tout est l'île de Cu-lao-Cham, près du port de Dai-Chiem, c'est-à-dire presque à la hauteur de l'embouchure de la rivière de Faï-Foo. Nous avons pu recueillir sur place des renseignements curieux et bien faits pour intéresser les érudits de la gastronomie.

C'est pendant le règne de Gia-Long que furent découverts ces nids d'hirondelles appelés à devenir plus tard, pour toute la région, une source de richesses. Gia-Long avait, dit l'histoire, promis, par édit, une grande récompense à ceux de ses sujets qui sauraient découvrir, dans la limite de ses États, une alimentation ou une boisson capable de donner au commerce indigène une extension nouvelle. Les nids d'hirondelles, découverts dans les îles de Nam-Ngaï, furent présentés au souverain, qui, fidèle à sa promesse et à la reconnaissance, offrit à l'auteur de la découverte de beaux titres honorifiques. Mais celui-ci avait l'esprit pratique : il repoussa les titres et obtint pour lui et ses descendants le monopole de l'exploitation de cette source de revenus. Cette famille privilégiée devait payer annuellement et en nature, au gouvernement royal, une redevance assez considérable (80 livres environ). D'autre part, tous ses membres étaient exemptés des corvées provinciales, des appels militaires et de l'impôt personnel. Ils finirent peu à peu par former une sorte de légion de quarante à cinquante hommes, commandée par deux d'entre eux ayant le titre de quan et de doï, et s'en allèrent fonder, tout près de Faï-Foo, un village qui existe encore actuellement et porte le nom de Yen-Xa (village des nids d'hirondelles).

Les nids d'hirondelles sont le produit d'une sécrétion salivaire de ces oiseaux. Mais, au point de vue de leur valeur marchande, ils se divisent en deux catégories distinctes :

A la première appartiennent les nids dans la confection desquels entre une certaine proportion de sang. On les appelle « yen-huyet ». Ils ne peuvent être produits, détail bizarre, que par des hirondelles affectées d'une maladie analogue à la phtisie et qui occasionne des crachements de sang. Ce sont les plus recherchés ; ils ne se récoltent qu'à une seule époque de l'année, au printemps, et sont fort rares.

La tradition locale dit que les oiseaux qui les produisent ne vivent jamais deux hivers et meurent vite d'épuisement. Les rochers de l'Annam ne fournissent guère, par an, plus de trois ou quatre livres de ces nids de choix.

La seconde qualité comprend tous les autres nids (yen-sâo) dans la construction desquels il n'entre que des sécrétions salivaires. Ils se récoltent au printemps, à l'été et à l'automne. La récolte du printemps est la plus fructueuse, parce qu'elle s'applique aux deux qualités. On compte que deux nids font environ le poids d'un taël (37 grammes 800). Or, les nids de première qualité se vendent en moyenne 35 ligatures le taël ; ceux de seconde qualité valent de 18 à 20 ligatures (1).

(1) La ligature (600 sapèques) vaut 75 centimes environ.

La récolte d'été est tout entière faite de nids de deuxième qualité, moins grands et moins compacts. Là, il faut quatre nids pour faire un taël, et le prix moyen du taël n'est que de 15 ligatures.

La récolte d'automne est encore bien moins riche. Les nids sont petits, rares, peu estimés. Il en faut sept pour obtenir le poids d'un taël, lequel, d'ailleurs, ne se vend guère alors plus de 9 ou 10 ligatures. Les gens compétents assurent qu'il faudrait même interdire cette dernière récolte, qui rapporte peu et risque de détruire les œufs.

Presque tous les nids ainsi recueillis sont vendus à des Chinois. Ceux-ci, et avec eux quelques mandarins de la cour de Hué, peu-

MANDARIN.

vent seuls orner leur table d'un comestible aussi coûteux. Les Chinois mangent les nids de deux façons : au sucre et au gras ; mais, dans les deux cas, la première chose à faire doit être, par un bain assez prolongé dans l'eau bouillante, de débarrasser le nid de toute substance extérieure et étrangère qui aurait pu y adhérer. On les fait cuire ensuite au bain-marie, soit avec du sucre, soit le plus souvent avec une volaille (généralement un pigeon) en y joignant quelques fruits de nénuphar.

La médecine orientale se plaît à prêter aux nids d'hirondelles toute sorte de propriétés précieuses pour l'hygiène et la conservation de la santé. Elle déclare que cet aliment est souverain contre les affections de poitrine, l'asthme, les maux d'estomac et en général toutes les maladies possibles. On ne sait ce qu'il peut y avoir de vrai dans cette docte assertion. Le plus simple, sans doute, est de penser qu'ici, comme dans tous les pays du monde, la cherté d'une chose suffit pour en assurer la vogue. Expérience faite, nous croyons que la vanité doit jouer dans ce régal un rôle plus grand que la gourmandise.

La récolte des nids, aux trois époques de l'année, a lieu d'une façon à la fois pittoresque et très simple. On enfonce dans les anfractuosités des rochers des bambous, qui se trouvent former ainsi les degrés d'une immense échelle. Des coolies se hissent de cette façon jusqu'au sommet, détachant avec soin, à l'aide d'un couteau, les nids collés aux parois du roc. En bas, un doï ou un membre de la famille concessionnaire de l'exploitation les surveille d'un œil inquiet et soupçonneux, de peur qu'ils ne dérobent quelque fragment du précieux produit. L'opération est d'ailleurs pleine de périls et coûte chaque année la vie à plusieurs hommes. A cette époque, une riche maison chinoise, qui a des dépôts à Hong-Kong, à Hué et dans plusieurs autres villes du littoral, et faisait en ce moment même construire à Tourane un fort bel hôtel à l'européenne, offrait au gouvernement annamite une très grosse redevance annuelle en argent, pour obtenir la concession de ce commerce des nids d'hirondelles.

Les descendants de l'ancienne famille privilégiée étaient fort émus et apportaient à l'appui de leurs droits le texte même des ordonnances de Gia-Long. Restait à savoir si, examinés de très près, les droits en question avaient bien un caractère perpétuel, ou s'ils ne laissaient pas place à la possibilité d'une mise en adjudication. La raison budgétaire est comme la raison d'Etat : elle fait faire et amnistier bien des choses.

V

LES MONTAGNES DE MARBRE.

On parle beaucoup des fameuses montagnes de marbre, et on les voit peu, parce que, en définitive, il faut se résoudre, pour les aller trouver, à une certaine dose de fatigues. Fantaisie nous prit de les visiter.

Nous partîmes à six heures du matin, à marée basse, sur une chaloupe chinoise, le *Faï-Foo*, qui, après une heure de navigation fort circonspecte entre les bancs de sable, a dû finalement s'arrêter à deux milles environ du point où nous voulions aborder. Une baleinière qui, à son tour, s'est échouée, et enfin un petit sampan d'osier, léger et fragile comme un panier, nous ont permis d'atterrir. Là, pour gagner les énormes montagnes dont le profil se détachait au loin, il nous a fallu faire plusieurs kilomètres dans des dunes de sable mouvant brûlé par un impitoyable soleil et où l'on enfonce de près d'un demi-mètre.

Au milieu de cette immense plaine, on rencontre quelques flaques d'eau saumâtre qui montent à marée haute et qu'entoure une maigre végétation. La nature est tout à l'entour sauvage et triste : on se croirait en plein désert, èt sur le sable jaune, semé de quelques aloès, on n'aperçoit que la trace, vite effacée par le vent, des pieds de quelques buffles qui, en longues caravanes, s'en sont allés chercher au flanc de la montagne un peu d'herbe fraîche. Presque au centre de cette vaste plaine se dresse un mausolée en pierres brunies et calcinées par le soleil, entouré de quatre murs et surmonté d'une haute colonne en pierre. Le mandarin qui s'est fait enterrer là, au milieu d'une pareille et si solennelle solitude, sous ce gigantesque linceul de sables, doit être un sage et un philosophe désabusé, qui aura jugé que l'éternité n'était pas de trop pour lui permettre d'oublier les hommes.

BOURGEOIS DE LA PROVINCE DE HUÉ.

En arrivant au pied de la montagne, on découvre un immense escalier taillé en plein marbre, aux marches larges et profondes, et que coupent, de distance en distance, des paliers habilement disposés. Des bancs, ménagés dans le roc, permettent de reprendre haleine et de se reposer quelque peu. Ce magifique travail a été exécuté vers 1840, sur les ordres des autorités provinciales du Quang-Nam, pour faciliter la visite que S. M. Minh-Mang daigna faire à la montagne. Les rafales de sables ont, par places, recouvert les marches et rompu l'unité des lignes; mais en écartant ces sables du pied, on met à nu les belles veines roses du marbre et la solide carrure des blocs que la main des hommes a agencés en vue de la visite royale. Tout alentour et le long des flancs de la montagne, les palmiers, les manguiers, les ciccas, les aloès géants vous font cortège. Chaque point de halte semble une oasis séparée du reste du monde et où il ferait bon arrêter sa vie. A mesure qu'on monte, la fraîcheur augmente, et au bout d'un quart d'heure environ, nous débouchons sur une espèce de plate-forme où l'on aperçoit quelques *canhias* groupées. C'est une bonzerie tout entourée de petits murs de briques et de jardins au sol rouge brique, fort bien cultivés, où des haricots, des petits pois, des salades s'allongent en longues lignes des plus appétissantes. C'est que les bonzes bouddhistes qui habitent dans ce couvent solitaire doivent, d'après les rites, demander à la culture toute leur alimentation. Ils ne peuvent vivre que de légumes cuits à l'eau ou dans l'huile d'arachide, et sont tenus de s'abstenir de toute viande. Le gouvernement est peu large à leur égard et a une façon d'entendre le budget des cultes qui satisferait nos plus farouches intransigeants de France. Il ne donne, en effet, à ces prêtres qu'une mesure de riz décortiqué par mois et une ligature.

Le supérieur nous reçoit à l'entrée avec des façons fort avenantes et donne l'ordre qu'on nous apporte tout de suite du thé. C'est un homme de quarante à quarante-cinq ans environ, d'assez haute taille. Sa figure sans barbe, la cagoule bleue qui encadre étroitement sa tête lui donnent vaguement l'aspect d'un procureur de l'Inquisition. Il est sobre de gestes, et nous indique solennellement l'entrée de la pagode, en humant une longue cigarette que rougit sa salive imprégnée de bétel. La pagode elle-même est assez simple et beaucoup moins ornée que la plupart de celles qu'il nous est donné de voir chaque jour dans les plus simples villages. A droite et à gauche, deux autels laqués rouge, surmontés de petits Bouddhas accroupis, devant lesquels brûlent quelques baguettes odoriférantes. Quelques fleurs, des ibiscus à la belle couleur pourpre, se fanent dans de pauvres vases, enfouis derrière l'ombre humide de l'autel et regrettant leur beau soleil. Deux immenses tams-tams de bronze, en forme de sapèque, pendent à une poutre, attendant l'heure où ils appelleront les fidèles à l'office ; sur des tablettes, des livres de prières et de psaumes, car les prêtres n'étudient que des cantiques en caractères thibétains. Les caractères chinois leur sont fermés. Telle est leur seule étude, telle est aussi la seule chose qu'ils enseignent aux jeunes néophytes qui viennent leur demander l'initiation et la bonne nouvelle.

Au moment de notre passage, ils étaient quinze, divisés en deux couvents et réunis sous les ordres d'un supérieur unique (thu-tri). Ces hommes, de fort humble condition, ne sont entrés dans le monastère que volontairement, les uns parce qu'ils étaient les victimes de dissensions de famille, ou aussi parce qu'ils avaient échoué dans les examens de lettrés; les autres, purement et simplement, pour se soustraire aux charges communales, c'est-à-dire à la milice et à la corvée. Ils ont des femmes, mais la vérité nous oblige à dire qu'ils n'ont pas eu le droit d'être fort difficiles dans leurs unions. Il ne nous a pas été donné d'apercevoir une seule de ces dames. Cependant, à toutes les portes se montrent les figures rieuses de petits enfants, fort bien portants, peu vêtus d'ailleurs, mais qui semblent au moins témoigner que les bonzes ont trouvé le bonheur conjugal au fond de la résignation et demeurent, à tout prendre, assez contents de leur sort.

Le supérieur, qui est là depuis plus de trente années, tient à nous faire visiter lui-même toutes les merveilles du lieu. Après une courte halte dans la pagode, il nous mène, en gravissant de nouveaux escaliers de marbre, à l'entrée de la fameuse grotte. Nous descendons encore, dans une demi-obscurité, quelques degrés, et nous nous trouvons alors devant le plus merveilleux des spectacles : quatre guerriers de grandeur naturelle, à cheval sur des dragons et la lance au poing, grimaçant sous leurs rouges enluminures, l'œil démesuré et fixe, défendent l'entrée, dignes gardiens d'un pareil lieu. La grotte est immense et mesure, à son sommet, plus de trente mètres de hauteur, et en largeur vingt mètres au moins. Elle ne prend jour que par un trou du haut. En levant les yeux, on aperçoit par là un petit coin de ciel bleu coupé par les fines branches d'un cicca qui se balance au-dessus du vide et tamise la lumière. Les parois sont du plus beau marbre; le temps les a recouvertes d'une teinte sombre et d'un vert foncé. Quelques racines d'arbres, qui ont fini par percer la voûte, pendant à l'intérieur, longues de huit ou dix mètres, donnent l'illusion de longues cordes qui vont, lorsqu'on les touchera, mettre en branle les cloches du temple. Dans les excavations de la roche sont nichés plusieurs autels où trônent des Bouddhas ventrus et grimaçants. Dans ce silence, qui a quelque chose de religieux et de pénétrant, on ne perçoit que le bruit monotone d'une eau qui tombe, goutte à goutte, des hautes voûtes dans une vasque de marbre. C'est l'eau sacrée. C'est d'elle que les bonzes se serviront tout à l'heure pour les sacrifices et les cérémonies du culte. Il règne dans tout ce sanctuaire, bâti par une fantaisie de la nature ou par un caprice de Bouddha, une lumière étrange et verdâtre qui séduit d'abord, mais peu à peu impressionne le cerveau et lui donne presque froid. En même temps, une humidité glaciale vous saisit. Cela est très beau, d'une très haute poésie religieuse, mais on a quelque peu hâte d'en sortir, pour renaître à la clarté plus franche et plus humaine du grand soleil. Nous ne nous y attardâmes pas longtemps. Les visions de cette sorte gagnent à ne point durer plus longtemps que les rêves; le souvenir qu'on en garde suffit à les faire vivre. En franchissant de nouveau quelques marches, nous fûmes heureux de retrouver la chaude lumière. Tout autour, une véritable forêt de frangipaniers sans feuilles dont la petite fleur blanche et jaune, familière des tombeaux royaux, pousse à même la branche nue, emplissaient l'air de leurs enivrants effluves; le soleil nous inondait de ses rayons, mais une douce brise, ordinaire à ces altitudes, en tempérait les ardeurs et faisait de chaque rameau d'arbre un éventail. A travers une sorte de portique ménagé par une excavation de roches, on apercevait l'immense mer bleue qui, pourtant bien calme alors, n'en venait pas moins, avec son sourd mugissement, rouler et dérouler sur les dunes ses volutes frangées d'argent. En face, les îles de Cu-Lao dressaient leur masse dentelée dans les vapeurs du lointain. Derrière, on distinguait Tourane noyée dans le soleil, avec ses petites constructions neuves et blanches, jetées en plein sable, sans ombre ni abri, et plus loin, enfin, la baie, gigantesque cirque entouré de montagnes dans lequel se livreraient bataille toutes les flottes du monde, et où l'on entrevoyait, comme des points à peine perceptibles, deux ou trois bateaux arrêtés à cette étape d'une heure sur la grande route de Chine. Quiconque a contemplé ce panorama ne peut plus l'oublier.

Pendant ce temps, nos boys avaient fait les préparatifs du déjeuner. En descendant, nous trouvâmes la table mise dans la bonzerie, au pied même des autels de Bouddha. Nous remarquâmes que les prêtres avaient pris soin de tirer un petit rideau pour voiler les autels et les idoles. Durant le repas, d'où, malgré toute couleur locale, on ne crut pas devoir exclure les viandes, le supérieur des bonzes demeura à nos côtés, calme et grave, fumant son éternelle cigarette. Tout alentour, des enfants, des coolies nous contemplaient avec la curiosité muette et jamais lasse, particulière à la race annamite. Nous dûmes plusieurs fois écarter ce cercle un peu encombrant et nous affranchir de cette incommode obsession. Vers la fin du repas, le bonze disparut quelques instants, revint avec une rose et un beau chrysanthème, et alla, le plus galamment du monde, les offrir à une dame qui, avec son intrépidité de Parisienne, avait voulu accompagner son mari dans notre excursion. Une rose et un chrysanthème, le printemps et l'automne de nos pays de France réunis cette fois en un seul bouquet, comme pour nous dire qu'ici la nature ne connaît pas les saisons et que les fleurs y sont filles d'un soleil toujours égal, toujours rayonnant.

Le repas fini, et tandis que les boys en faisaient disparaître les vestiges. le bonze s'approcha de nous et, multipliant les *lais*, nous demanda d'une voix dolente une piastre qu'il reçut de nos mains avec une visible reconnaissance. Étant donné le chiffre minime de ses appointements, on conçoit que le malheureux n'ait pas été insensible à une pareille aubaine. Nous nous éloignâmes satisfaits, en gens qui on conscience de laisser derrière eux, à de pauvres gens, une richesse de quelques jours.

Les prêtres qui peuplent ce séminaire sont des simples qui ne rêvent pas la conquête morale du monde, comme ceux des bonzeries de Ceylan. Leur ambition est plus bornée et leur misère n'a rien de décoratif. Ils ne nous ont guère apparu que comme de pauvres parias du monde et de l'esprit, assez insouciants des devoirs du culte et de la méditation religieuse, et même de toute dignité extérieure, à moins qu'après tout, sans besoins ni troubles de l'âme, abrités derrière les frais ombrages de leurs rochers, entre le ciel et la terre, ils n'aient trouvé là, en vrais sages, dans la douce abdication d'eux-mêmes, la suprême formule de la science et de la félicité humaines.

VI

UNE REPRÉSENTATION DRAMATIQUE A LA COUR.

La plupart des fêtes données à la cour, et en particulier les dîners qu'offre le roi, ont toujours pour complément obligé le théâtre.

Ces solennités dramatiques, qui intéressent la première fois,

PROCESSION ANNAMITE.

mais dont la monotomie nous lasse assez vite, nous autres Européens, se font dans une immense salle, sorte de hangar carré ouvert de trois côtés, et autour duquel sont disposées, pour les invités, de longues tables recouvertes de drap rouge, chargées de fruits et de pâtisseries indigènes, qu'il est bon, d'ailleurs, de n'aborder qu'avec une certaine circonspection. Au milieu de ces friandises aux formes et aux couleurs bizarres, des verres, des tasses, que des thi-viés (serviteurs du roi) vont venir remplir tout à l'heure de bière, de thé ou même de chartreuse verte.

Le roi prend place sur un trône isolé et assez élevé, ayant devant lui une table sur laquelle on place, à côté de sa tasse et de son sucrier de jade, un petit plateau à bords relevés, fort riche, certains objets qui sont de son usage familier, et dont il ne se sépare jamais. Un étui rouge plein de longues cigarettes menues et minces, une montre d'or à répétition, des bijoux, des flacons d'odeurs, des vaporisateurs, un petit miroir, que sais-je? tout le bagage un peu naïf d'un roi d'Orient, condamné à faire d'abord connaissance avec notre civilisation par ses petits côtés.

A sa droite, à sa gauche, sur des sièges isolés, prennent place le résident supérieur et le général commandant la brigade.

Derrière, à travers une immense natte dont les tresses assez larges peuvent laisser passer le regard, on devine les visages et on entend les chuchotements curieux des femmes du sérail.

La salle est fort mal éclairée. Les énormes solives du plafond et les piliers qui le soutiennent, en bois noir fort et massif, ajoutent encore à l'obscurité du lieu. Sur le plafond sont peints des nuages; des étoiles, un quartier de lune, flottent dans un azur quelque peu enfumé par le temps. On aperçoit deux ou trois trappes destinées à servir à des jeux de scène et qui constituent à peu près toutes les ressources dont pourront user les machinistes. Quelques lampes vulgaires, produit de notre petite industrie européenne, et alimentées au pétrole, se balancent au bout de longues tiges de fer; quelques flambeaux sont disposés sur les tables ou même à terre, impuissants à éclairer de leur vacillante lumière cette immense étendue sombre. Des nattes, placées sur le sol, couvrent le centre du carré et constituent en quelque sorte la scène.

A peine le roi a-t-il pris place, que l'orchestre prélude, un orchestre composé d'une vingtaine de musiciens accroupis et qui arrachent à des tams-tams, à des guitares, à des fifres une mélodie monotone et criarde. En face est un énorme tambour, plutôt une sorte de grosse caisse. Derrière se tient un haut mandarin, — nous avons vu le beau-père du roi, le king-luoc du Tonkin, occuper cet emploi. — C'est lui qui, aux passages intéressants de la pièce, lorsque les acteurs auront bien enlevé une scène, frappera à deux ou trois reprises sur le tambour; chacun de ces coups représentera un certain nombre de ligatures à attribuer aux artistes. On voit que ce critique dramatique a aussi des attributions financières et que son dilettantisme doit, dans certains cas, savoir se borner. Un mélomane trop exalté pourrait en arriver facilement à compromettre l'équilibre du budget

D'ordinaire, aussitôt que le roi s'est assis, les principaux acteurs qui vont jouer dans la pièce viennent en costume faire le *lai* devant son trône, présentant à ses regards de longues bandes d'étoffe sur lesquelles sont brodées en gros caractères des formules de respect, des souhaits de longue vie et de prospérité. Un autre acteur de sa voix gutturale récite une sorte de long prologue, puis ensuite la pièce commence sans qu'on puisse exactement connaître quand elle finira. Il y en a qui durent trois jours et plus, sans lasser les spectateurs indigènes, qui, obligés de s'y arracher pour leurs occupations ou leurs repas, reviennent, vingt-quatre heures après, voir tranquillement où en est l'intrigue.

Pour les Européens, le moment où la pièce commence est celui où ils commencent à ne plus comprendre. Cela n'est plus qu'un chaos bruyant, hurlant, bigarré, auquel nous essayons, sans succès, de trouver un sens, en nous aidant de la mimique. Les acteurs ont le costume dramatique chinois, d'énormes barbes postiches dont les pointes descendent jusqu'à la ceinture. Le visage est odieusement barbouillé de noir, de jaune ou de vermillon; les yeux sont démesurément grandis. Ce sont bien les personnages de l'épopée militaire chinoise, moitié hommes, moitié monstres, se combattant entre eux par les grotesques et repoussantes imaginations de la laideur. Ils marchent avec une certaine gaucherie laborieuse, juchés sur leurs hautes babouches à bout retourné et à épaisses semelles de feutre. Les habits ont des formes et une ornementation dont la richesse et la variété défient l'analyse. Quelques-uns tombent, devant, en lourds tabliers, chargés de broderies, de dragons, d'animaux fabuleux aux mille couleurs; les robes, sanglées à la taille par de larges ceintures auxquelles pendent des sabres gigantesques, semblent avoir, par le poids et l'épaisseur des ornements qui les chargent, toute la rigidité massive du bois. La tête est chargée de casques au cimier desquels se dressent et se balancent de longues plumes de paon, symbole des grands commandements militaires en Chine.

Le dialogue se poursuit, criard et monotone, entrecoupé de menaces, de simulacres de coups de sabre, de provocations. La note de la colère et de la brutalité domine.

De temps en temps, un brouhaha se produit, une des portes du fond s'entr'ouvre : on voit passer, défilant devant le roi en se voilant la face, une bande de guerriers qui agitent en hurlant des étendards aux mille couleurs. Ce doit être, j'imagine, quelque armée qui se rue à de grandes batailles et va défendre le sol envahi. Peut-être même est-ce le torrent de l'invasion qui passe. A coup sûr, c'est une invasion bruyante et aux pittoresques bigarrures.

Pour ajouter à l'horreur satanique de la situation, quelques hommes accroupis tout près de la petite cabane du souffleur, dont la voix, d'ailleurs, couvre parfois celle de l'acteur, jettent contre la flamme d'une torche des poignées d'une certaine poudre composée à cet effet. Tout aussitôt, s'élèvent vers le ciel de grands nuages de feu et d'étincelles, qui ne vivent que la durée d'un coup d'œil et s'éteignent en laissant derrière eux des senteurs de fumée âcre qui vous étreignent à la gorge et emplissent toute l'atmosphère.

VII

L'AVÈNEMENT DE THANH-TAI APRÈS LA MORT DE DONG-KHANH.

La question de la succession au trône s'imposait de suite à tous les esprits. Cette catastrophe prenait tout le monde au dépourvu et devançait tous les calculs. Dong-Khanh avait bien deux fils, mais ils étaient âgés, l'un de quatre, l'autre de trois ans. On avait donc en perspective une régence interminable, laissant la porte ouverte à toutes les éventualités. De plus, la reine mère, qui avait été consultée et qui devait l'être, selon les rites, avait dès le début écarté la descendance de Dong-Khanh.

PERSONNAGES ANNAMITES.

Le résident général, après de nombreux pourparlers et de non moins nombreuses éliminations, finit par porter son choix sur un fils de Duc-Duc, ce roi qui régna quelques jours seulement et que la cour fit mourir de faim parce que la France avait protesté contre son élévation au trône faite en dehors d'elle et déclaré son élection nulle. L'enfant auquel on venait de songer avait dix ans. Le choix qu'on faisait de lui paraissait en outre avoir l'avantage de rétablir la lignée directe des Nguyen. Il vivait en captivité, avec sa mère et un frère, depuis la mort du père, dans l'enceinte de la citadelle. Le choix proposé par le représentant de la France agréa vite au conseil de la cour et au Comat.

Des envoyés se présentèrent dans la demeure de la mère et, s'adressant à elle, lui demandèrent de désigner son fils aîné : « Le voici, dit-elle; que lui voulez-vous? — C'est lui, répondit-on, que nous venons chercher pour être roi d'Annam. » Alors elle fondit en pleurs; elle ne voulait pas donner son enfant et suppliait qu'on lui épargnât une chose si effrayante; mais le Ciel avait parlé, on n'avait qu'à lui obéir, et l'enfant fut, le soir même, emmené au palais et placé, en attendant l'heure de son couronnement, dans un appartement situé non loin de la salle des audiences solennelles, au noï-cat. « Où suis-je, où me mène-t-on? disait-il à l'interprète royal. — Altesse, vous êtes dans la bibliothèque des rois, dans celle qui va être la vôtre... — C'est bien, donnez-moi alors les *Entretiens* de Confucius. »

PERSONNAGES DE LA SUITE DU ROI.

Le propos est historique et, de fait, cet enfant de dix ans était déjà un lettré : façonné par un excellent professeur, il lisait les caractères, il les écrivait et connaissait même l'alphabet français.

Il était relativement grand pour son âge et très bien constitué. Le type était plus annamite, moins joli et moins aristocratique que celui de Dong-Khanh; le nez est plus épaté, le teint plus foncé, la peau plus rude; le regard intelligent et éveillé n'avait pas cependant la douceur un peu féminine qui accompagnait si bien le sourire de l'autre souverain.

Lorsque le choix que la cour venait de faire, sur les indications du protectorat, eut été officiellement agréé par le gouvernement français, le résident général, accompagné de son chef de cabinet et du résident de Hué, se rendit au palais pour en donner communication au futur roi et lui présenter ses compliments. C'était,

UN ENTERREMENT A HUÉ.

par une bizarre coïncidence, le jour même du têt. L'enfant se tenait dans une salle tendue de draperies bleues, entouré de serviteurs et de mandarins. Quand on eut annoncé le résident général, il s'avança et vint à sa rencontre jusque dans une petite cour qui précède la chambre. Il était vêtu d'une longue robe bleue, aux plis durs et raides, et d'un turban noir. Un eunuque protégeait sa figure contre les rayons du soleil avec un grand éventail. Il serra la main au résident général et aux deux personnes qui l'accompagnaient, et leur désigna gravement du geste des sièges autour d'une table garnie de draperies, où du thé était préparé. L'entretien fut de courte durée, on le comprend, et se borna à de simples compliments. Le jeune souverain sortit en précédant ses visiteurs, toujours abrité sous son éventail et marchant avec une lenteur déjà royale.

Les astrologues ayant, après mûre réflexion et des observations nombreuses, reconnu que le 1er février était un jour très favorable, le couronnement fut fixé sans tarder à cette date.

Le jeune prince avait été, selon les rites, faire la veille ses *lais* aux ancêtres dans le palais de Can-Chanh et recevait là les ornements royaux. Il aurait même dû recevoir aussi le sceau en jade dit « de la succession de famille ». Mais ce sceau a été emporté jadis par Ham-Nghi dans sa fuite et perdu dans les montagne du Quang-Binh. On délivra au prince la plaque d'ivoire « ordre royal », qui doit servir de laissez-passer pour aller cher cher le Livre d'or dans le palais de Can-Chanh.

Ce Livre d'or, qui n'est ouvert qu'au commencement ou à la fin de chaque règne, est présenté au futur souverain. Le caractère écrit à son rang de succession devient son nom propre.

Celui du nouveau roi fut *chieû* (lumière de sagesse). Les mandarins attachés au noï-cat (cabinet du roi) choisissent ensuite un certain nombre d'expressions littéraires formées de deux caractères et ayant les significations les plus favorables ou les plus agréables au ciel. On offre cette liste au nouveau souverain qui choisit là son nom de règne. Ce nom est ensuite transcrit sur le Livre d'or et affiché dans tous les temples des anciens rois et dans le Nam-Giaô (temple du ciel).

Le roi d'Annam prit le nom de Thanh-Taï, ce qui veut dire « bonheur absolu et succès dans toutes choses ».

F. Baille.

MUSICIENS ANNAMITES.

www.ingramcontent.com/pod-product-compliance
Ingram Content Group UK Ltd.
Pitfield, Milton Keynes, MK11 3LW, UK
UKHW012125240726
13965UKWH00005B/1981